戶谷洋志

從0開始

哲學新手村

從理所當然開始懷疑的
哲學入門

U0546509

哲學新手村 從理所當然開始懷疑的哲學入門 目錄

前言

很抱歉，一開頭就問大家問題。

你現在是清醒的嗎？還是正在做夢呢？

想必大家都會回答是清醒的，因為是清醒的，所以才能翻開本書對吧。你清楚地感知自己的手拿著這本書，眼睛也看著眼前的紙張與墨水。如果是看電子書的人，應該會感受到平板電腦的質感與螢幕的光線。這些感覺都不可能是在做夢，你應該也是這麼想的才對。

不過在此要問問大家，這一切真是如此嗎？你確定你現在不是在做夢嗎？

因為在大多數的情況下，在夢境之中的我們都無法知道自己正在做夢，會以為夢中的一切是現實，直到我們從夢境醒來，才會知道「啊，原來我剛剛在做夢啊」。不管是誰，應該都有過這類經驗才對。

如果有過這類經驗，那麼覺得自己不在夢境之中，無法證明自己沒在做夢，說不定你會在某個瞬間突然覺醒，才發現讀這本書是一場夢（如果真的是這樣的話，身為作者的我會覺得很遺憾啦）。我們真的有辦法斷言「這一切不是夢」嗎？

劈頭就問大家這種有點不懷好意的問題，真是不好意思，但我當然不是在擔心各位是否真的睡著了（把本書當成睡前讀物也不錯啦）。我想問的是，很多我們以為「理所當然」的事，其實只要仔細想想就會發現，都不是那麼確定的事情。我只是想讓大家感受一下這個感覺而已。

一般而言，我們不會覺得在日常生活的體驗只是一場夢，而是覺得一切都是「理所當然」的事。如果每次都懷疑眼前的景色是夢境，恐怕無法正常生活對吧？所以覺得一切不是夢，完全沒有問題。

不過，這代表我們其實未曾思考這些「理所當然」的正確性，正因為我們不需要思考正確與否，這些才會是「理所當然的事情」。至於這些事情是否是正確的？是否是無從質疑的事實？我們通常是不在意的，因此被問到「你是否正在做夢」這個問題時，才會突然懷疑這些「理所當然」的正確性。

能夠重新檢視這些「理所當然」的學問除了哲學，別無其他。本書要介紹哲學的基礎問題與概念。

在進入正題之前，要請大家先等一下。為什麼我們非得花時間學習哲學呢？如果哲學會讓我們懷疑那些日常生活之中的「理所當然」，豈不是會妨礙我們的日常生活嗎？既然如此，不懂哲學不是比較自由嗎？

的確，哲學會成為日常生活的阻礙，但我從來不覺得「沒有哲學比較好」，因為人類是在質疑「理所當然」之後，便會忍不住一直想「事實到底為何？」這個問題的生物，而這件事也非常有趣。

西方哲學的歷史可回溯到西元前的時代。只會妨礙日常生活的哲學之所以能夠留到現在，說到底都是因為思考本身是件有趣到不行的事情，而且這份趣味永遠不會褪色。哲學的原意是「愛智之學」，總是會忍不住思考的人會成為哲學家，累積許多偉大的理論。

或許大家覺得這種事情跟自己沒什麼關係，但是剛剛被問到「是不是正在做夢」這個問題時，你心中的某個角落是否正在騷動？腦海是不是曾閃過「我知道自己沒在做夢，但仔細想想，又覺得沒辦法斬釘截鐵地回答這個問題，覺得很不痛快」這個念頭呢？如果你剛剛曾這麼想，代表你已經是個喜好智慧的人，已經站在哲學的起點。

古希臘哲學家蘇格拉底（西元前四七〇左右～前三九九）曾將哲學稱為「練習死亡」的行為。這聽起來很聳動，但他真正的意思如下。

「我們的靈魂被困在肉體之中，只有死亡能讓靈魂解脫。」這句話中的肉體其實就是一種限制與條件。如果擴大解釋的話，我們的日常生活、我們擁有的常識與價值觀、我們期望的社會地位都算是加諸在我們身上的限制，都屬於上述「肉體」的一部分。

哲學就是讓我們擺脫上述這些制約，讓我們得以自由思考的學問，所以從擺脫肉體（束縛），得到自由這點來看，其實哲學的確是「練習死亡」的行為，本質上，與死亡非常接近。不被任何「理所當然」的事物束縛，不斷地思考，直到自己認同為止，就是蘇格拉底口中的哲學。

我覺得蘇格拉底的這種精神非常重要，換言之，哲學必須是自由的，如果只是因為「不得不學」而學習哲學，那麼整件事就會有點變質。哲學必須是有趣的，才能突顯本身的樂趣，只有當我們很興奮地接觸哲學，哲學才有意義可言。

本書介紹的內容也不會都很簡單，有時候會帶著大家認識很頑強的哲學家，有時候會帶著大家認識不世出天才的哲學家，我也由衷祈禱大家能夠在認識這些哲學家之後，某天突然湧現「我好想認真思考」這種衝動，讓有機會自己從忙碌的生活脫離，慢慢地思考問題。

話不多說，讓我們一起思考吧。
歡迎來到「哲學入門的世界」！

裝訂、設計：鈴木千佳子
校正：牟田都子
編集：白川貴浩
DTP：天龍社

第 1 章

哲學是什麼樣的學問？

旅行的時候，通常少不了地圖。在首次造訪的街道散步時，有沒有地圖，感受完全不同，但是，若死死盯著地圖，無視身旁美麗的風景，也沒有任何意義，體會當地的氛圍與空氣，感受時間的流逝，正是旅行的美妙之處。

不過，手中若沒有地圖，我們說不定會迷路，有可能一直在同一個地方繞圈圈，還以為自己已經走了很遠。

為了避免陷入這種困境，我們需要地圖。旅行的模樣不是由地圖決定，決定去哪裡旅行的是我們自己，但因為有地圖，所以我們才能抵達一個人無法抵達的遠方。

哲學的道理也是一樣。大部分的哲學問題都可以自行思考，不需要太多知識，但這就跟不帶地圖出門旅行一樣，所以若只是自己埋首苦思，恐怕無法得到足以滿足自己的結果，所以我們才需要將哲學當成一門學問學習。

本章將從上述的觀點說明哲學這門學問的基本知識，其中包含哲學的特徵、目的以及透過哪些方法思考，也會說明哲學與其他學問的不同之處，以及後續章節將處理哪些問題。

哲學的特徵

話說回來，大家不覺得「哲學」這個名稱怪怪的嗎？

比方說，看到「生物學」，應該能夠顧名思義，一眼就能看出這是研究生物的學問。同理可證，「社會學」是研究社會構造的學問。一如「名符其實」這句話，大部分的學問都會將研究對象放在名稱裡面。

那麼哲學又是怎麼一回事？是研究「哲」的學問嗎？但「哲」到底是什麼？光看名稱，實在讓人摸不著頭緒對吧。

「哲學」的英文是「philosophy」，而這個名稱的語源可回溯到古希臘時代。一如「前言」所述，這個詞彙的原意是「愛智之學」，換言之，哲學就是喜愛智慧的學問。

「喜愛智慧」又是怎麼一回事呢？簡單來說，就是對任何事情都提出「為什麼呢？」的疑問，享受思考「事實到底是什麼？」的過程。據說被譽為西方哲學之祖的蘇格拉底曾在街上抓住路人，然後與對方熱切地討論「○○是什麼呢？」哲學就是從這些討論開始的。

蘇格拉底

自己的所見所聞到底是否正確？這個世界的真實樣貌到底長什麼樣？我們常忍不住思考這些問題，而這就是哲學的本質，而且從古希臘到現代，這項本質從未改變。

話說回來，哲學不是要我

們從零開始思考，而是希望我們反過來對那些平常再「理所當然」不過的事情提出質問，藉此喚醒求知的好奇心。哲學就從我們對稀鬆平常的事情提出「咦？為什麼會這樣啊」的地方開始。

這告訴我們，哲學的特徵在於重新檢視那些「理所當然」，也就是「常識」的事情。

比方說，你常在網路下將棋，而你的棋力很高段，跟朋友下的話，從來沒輸過，但是某一天卻被網路上的某位棋手打得落花流水。

不服輸的你雖然擬定對策，再次挑戰那位棋手，卻依舊下不贏，這讓你不禁覺得，這位棋手的棋路很特別，產生了某種對戰的美學，你也為了打敗這位棋手而奮起，更是開始想像坐在棋盤對面的這位棋手到底是何方神聖，又是什麼樣的個性。

不過，某天你發現，這位棋手不是人類，而是ＡＩ，你也因此大受打擊，因為你從它的棋路感受到人類才有的知性。

此時你或許會產生下列的疑問。「人工智慧的知性優於人類嗎？」此時的你等於準備用雙手推開哲學的大門，因為你已經開始反思「在這個世界裡，擁有最高知性的動物是人類」這個「理所當然」的常識。

常識就是被灌輸的內容

近代哲學家笛卡兒（一五九六～一六五〇）曾說「哲學教導我們已知的事」。話中之意，哲學就是讓我們重新檢視「理所當然」的事情，思考常識的學問。

哲學與科學也在這點產生巨大差異。科學能帶給我們新知識，讓我們知道新品種的生物，或是前所未見的行星。

但哲學並非如此，因為哲學是讓我們不斷思考那些「理所當然」的學問。或許身邊的人會跟你說「誰不知道那些事情啊」，但身邊的人說得沒錯，因為哲學的確就是幫助我們思考已知事物的學問。

不過，不能不思考已知的事物嗎？為什麼需要重新檢視常識呢？

如果遇到這些問題，請先回答「常識也有可能是錯的」。如果這句話成立，重新檢視常識就非常重要，但常識也有可能是對的，所以重新討論常識，最終有可能只得到「啊，原來這個常識真的是對的啊」的結論，或是說，大部分的情況都會是如此。不過，將時間用於這類哲學思考，真的是浪費時間嗎？

當然不是，因為重新檢視常識能讓我們自行判斷常識是否正確，以及為什麼會出現這些常識。

大多數的時候，我們都不會思考常識的對錯，只會直接接受所謂的常識。請大家回想一下小時候。大人在告訴你某些常識時，是不是會跟你說「總之，就是這樣，不要問那麼多啦。」就算你心裡有些疑問，大人也有可能避而不答我們不是因為認同才接受常識，換言之，大部分的常識都是半強制性、被迫接受的。

被強制、被強迫就意味著失去自由。如果我們都是被迫接受常識，那麼只要我們都根據常識判斷事物，那麼其實我們是不自由的。

反之，重新檢視常識，就是思考常識的對錯，我們才能反客為主，自行接受常識，換句話說，這樣才能自由地思考常識的對錯。

這就是學習哲學這門學問的意義。學習哲學不一定能學到新知識，但至少能幫助我們找回思考的自由。

絞盡腦汁想到最後，有可能只得到一個不起眼的答案，但是在學習哲學前後的你是不同的，因為你變得能以自己的一套理論說明那些從未想過是否正確的常識，而從這點來看，被譽為愛智之學的哲學等於是無比尊重自由的學問。

為什麼哲學「有點讓人不知道在說什麼」呢？

哲學是重新檢視那些「理所當然」的學問，這也讓哲學的難處變得十分獨特。

有時候，我們會忽然對某些「理所當然」的事情產生疑問，但通常只在特殊的情況下發生。就算看到人工智慧的電視新聞，基本上不會思考「人工智慧的知性該不會高於人類吧？」這個問題。

這是因為像這樣思考每個問題，就無法正常地生活。如果看到什麼，遇到什麼，都得重新思考背後的意義，恐怕沒多久腦袋就會爆炸。

話說回來，在絕大多數的情況下，我們根本不會思考自己將哪些事物視為「理所當然」的事物。就算從一連串的電視新聞聽到人工智慧的報導，絕大部分的人都不會想起「在這世界之中，知性最高的是人類」這個「理所當然的事情」。

不過，我們沒意識到的事物，不代表我們未以這些事物為前提。這才是真正的高點。儘管我們都是依賴這些「理所當然」經營生活，但是在大多數的情況下，我們根本沒察覺到這些事物，這也意味著，當我們重新檢視這些「理所當然」就能將注意力轉向那些之前忽略的事物。

不過，這可是非常辛苦的事情，然而這也理所當然，因為我們無法透過語言說明之前忽略的事物。

為此，哲學方面的討論往往會使用一些特殊的詞彙，才能檢視那些「理所當然」的事物。也就是刻意使用不會在日常生活使用的詞彙，討論我們在日常生活忽略的問題，這也讓這些詞彙變得抽象、艱澀或是充滿暗喻，也是讓哲學在乍看之下，似乎艱澀難懂的最大主因。

一般人看到哲學方面的討論時，大概都會覺得「有點看不懂在討論什麼」對吧？沒錯，的確就是如此，但為什麼看不懂呢？是因為用於討論的詞彙背離平時的用法而已。

儘管如此，請大家不要太擔心，只要逐次了解每個詞彙，每個人都能了解哲學的討論。就某種意義而言，哲學的討論比日常生活那些語意不清的溝通更容易理解，這是因為用於哲學討論的詞彙都經過嚴謹的定義，進一步來說，也是為了說服所有人才如此定義。

只有知識，沒有任何意義

愛智之學的哲學最重要的重點就是珍惜自己的思考。意思是，學習哲學的專業知識不是最重要的事情。

知識當然可以觸發新的想法，或是加速思考的速度，但是，就算把早期偉大哲學家的整本書讀完，或是把整本書背得滾瓜爛熟，也不算是什麼了不起的成就，因為默背不等於思考。

德國近代哲學家康德（一七二四～一八〇四）曾留下「人類絕對無法學習哲學，最多只能做哲學」這句名言。這句話的意思是，我們不該以為「哲學已經是沒有任何漏洞的知識體系，不能囫圇吞棗地接受哲學」。

或許大家會以為熟悉哲學的人就是會炫耀各種知識，強迫別人接受意見的人。其實我遇到這種人很多次，這種人動不動就會說什麼「蘇格拉底曾經這麼說過……」劈頭就先否定你的意見。

或許這種人很熟悉哲學的知識，卻不是「哲學家」，因為光是擁有知識，不代表就能自行思考。

要實踐哲學的確需要一定程度的知識，但問題在於只擁有知識的人，與利用這些知識另闢蹊徑，自行思考的人完全不同。話說回來，這兩種人的差別到底是什麼呢？

就我而言，分別兩者差異的重點有三個。

第一個，是能否利用自己的詞彙重新說明哲學。一如前述，實踐哲學時，需要使用與日常生活不同的詞彙，但這只是為了幫助我們重新檢視那些「理所當然」而已，不管經過了多少專業的討論，最終應該還是能回到日常的平質才對。換言之，你應該能使用自己馴化許久的詞彙正確表達自己的想法。

第二個重點，能透過適當的例子說明想法，而且例子越淺顯易懂越好。比方說，受到康德影響的哲學家黑格爾（一七七〇～一八三一）曾留下「密涅瓦的貓頭鷹在黃昏起飛」這個超級酷的比喻（想知道意思的人可自行查詢），不過這比喻真的是太過簡潔有力了！

能以利用日常生活之中的事物、每個人都很熟悉的事物，或是「各種故事」比喻哲學，代表當事人真的在思考。這是因為能以接地氣的例子說明，代表當事人已透過自己的思考驗證日常生活的一切，進一步檢視自己的日常生活。

第三個重點，是不管遇到什麼問題，都能前後一致地回答。這代表已經很懂得使用哲學。只擁有哲學相關知識的人，是無法善用哲學的。

比方說，當你問默背了康德所有哲學知識的人「康德會如何看待人工智慧？」這個問題時，對方肯定什麼也答不出來，因為康德從未對人工智慧發表任何意見。反之，以康德的哲學知識為線索，試著自行思考的人就會回答「如果是康德的話，他一定會這麼說」，這就是懂得利用哲學的意思。

比起默背哲學的知識，運用哲學是一件更加困難的事，這也代表重新檢視那些「理所當然」是件多麼困難的事。

哲學是建築物的地基

重新檢視「理所當然之事」是哲學的特徵，不過，仔細想想就會發現，不管是何種學問，或多或少都會重新檢視「理所當然之事」。

比方說學習生物學就能驗證與生物有關的常識。當我們學習生物學就能驗證「不管是哪種生物，都具有想要繁衍後代的本能」這種再平凡不過的常識，既然如此，那麼哲學與其他學問又有何差異呢？

從結論來說，下列這點可說是哲學與其他學問的差異之處。哲學能夠重新檢視其他學問視為「理所當然」之處，也就是不疑有他的前提。

這是什麼意思？就讓我們拿剛剛的例子來解釋吧。生物學的確能夠驗證「不管是哪種生物，都具有想要繁衍後代的本能」這個常識，卻不會檢視何謂「本能」，也不會反問何為「生物」。簡單來說，生物學本來就不會處理這些問題。

「讓我們如此定義本能吧」、「讓我們如此定義生物吧」，只要沒有這些前提，就無法進行生物學方面的討論，而當我們反思「本能」或「生物」的定義時，就不再是學習生物學，而是進行哲學的思辨。

換言之，其他學問的切入點或是理所當然的前提，都會成為哲學思辨的對象。就這層意思而言，哲學討論的不只是那些日常之中的「理所當然」，還會檢視學術世界之中的「理所當然」（討論開始之前的前提）。

因此我們可以將哲學定義為探討各種學問的基礎的學問。比方說，討論生物學的「生物」、社會學的「社會」、數學的「數」、物理學的「物」，不管是哪種學問，都有無法繼續深入探討的概念或是最基礎的概念。哲學可以重新檢視這些基礎的概念，指出問題，再提出更理想的概念，因此我們可以斷言，哲學在各種學問之中，扮演了獨特的角色。

這意味著，不管是哪種學問，只要追根究柢，盡頭都是哲學。哲學就像是建築物的地基。地基若是不夠鞏固，不管蓋在上面的建築物多麼華麗，也有可能因為一點小瑕疵而瞬間倒塌，由此也可以得知，哲學扮演了相當重要的角色。

將注意力放在概念連動之處

不過，在此有件事情需要注意，那就是概念無法獨立運作，必須在多個概念彼此連動之後，才能產生意義。

讓我們再次以人工智慧為例吧。「我」心中存在著「人工智慧是否擁有比人類更優越的知性呢？」這個疑問。此時我們面對的是「何謂知性」這個問題，也就是必須釐清知性這個概念。

不過，知性也與各種概念產生互動。比方說，在人工智慧問世之前，我們都以為在這個世界之中，人類擁有最高階的知性，也因為人類擁有如此高的知性，所以才能被稱為萬物之靈，也才衍生出天生萬物以養人這種權利概念。

換言之，「知性」與「權利」是緊密結合的兩種概念。我們在思考人工智慧的知性時，也必須從這種概念互相連動之處切入。

比方說，就讓我們假設，在幾經思考之後，得到「人工智慧的知性高於人類」這個結論，如此一來，我們就必須承認人工智慧也擁有與我們一樣的權利，因為人類正是因為擁有高階的知性才擁有權利，所以若不承認知性高於人類的人工智慧擁有相同的權利就會前後矛盾。

但我們或許無法接受這樣的結論。若情況真的如此，代表上述的思辨過程有問題。

要請大家注意的是，在此發生的問題不在於概念本身，而在於概念與概念之間的連動。「人工智慧擁有高於人類的知性」，到這裡都還沒有問題，「人工智慧沒有權利」這部分也沒有問題，真正的問題在於，當我們將注意力轉向知性與權利之間的關係，就會發現這兩個主張無法同時成立這件事。

到底該如何解決這個問題呢？方法其實有很多。

比方說，將知性的概念分成兩種，一種是產生權利的知性，一種是不會產生權利的知性，再將前者劃分為人類的知性，以及將後者劃分為人工智慧的知性，如此一來就能解決問題。

斬斷知性與權利之間的關係也是一種方式。比方說，人類擁有權利，但並不是因為人類擁有高階的知性，而是基於其他理由，而人工智慧無法滿足這個理由，所以即使人工智慧的知性再高，也無法擁有權利。這也是論理清晰，說服力十足的邏輯。

概念可交織成一張網，也像是一座由各種概念巧妙組合而成的紙牌塔。就算想處理某個特定的概念，最終還是得思考整個體系之中的每個概念，而思考概念之間的相談性，就像是一邊盯著搖晃的紙牌塔，一邊從中抽出或是放入一張張紙牌的過程。

應該學習的三個領域

話說回來，如果每次都得思考整個體系之中的概念，大腦很快就會短路，也很可能把該獨立思考的問題全混在一起，導致思緒陷入混亂。所以，就算得思考整個體系的每個概念，還是得先試著分類問題。

哲學的領域也根據上述的觀點分成多個下層分支，但充其量只是粗略的分類而已。就實務而言，某些問題會同時屬於多個分類，某些問題卻不屬於任何一個分類，但不管如何，根據這些分類思考，應該就能避免問題全混在一起。

一般來說，這個領域通常分成下列三種。

第一種是存在論。所謂的存在論就是思辨「〇〇是什麼？」的領域。以人工智慧的問題為例，「人工智慧為何？」就是屬於存在論的問題。話說，這也會衍生出更複雜的問題。「人工智慧與人類的差異為何？」「電腦不算是人工智慧嗎？」「真正的人工智慧是什麼？」這類問題也屬於存在論的問題。總之，思考事物屬於何種存在就是存在論的問題。

第二種是認識論。所謂的認識論是指討論「如何認識〇〇」這類問題的領域。或許大家會覺得認識論與存在論相當類似，但內容卻是截然不同。存在論的問題是「那個東西是什麼？」的問題，認識論的問題是「我們如何認識那個東西」。比方說，「我們如何知道那篇文章是由人工智慧所寫的呢？」這個問題就屬於認識論的問題，抑或「人工智慧如何得知問題的答案？」這個問題也同樣屬於認識論的問題。

第三種是價值論。所謂價值論是指討論「更好的○○是什麼」這類問題的領域。重點在於「優劣」，也就是討論價值的領域。價值論之中的價值分成兩種，一種是「美」，一種是「正確性」。

我們口中的「好」可分成「符合美學＝美麗」以及「符合道德＝正確」這兩種意思，而這兩種意思則是截然不同，所以價值觀才分成這兩種。換言之，思考美麗與否的是美學，思考正確與否的是倫理學。

若從美學的角度思考人工智慧，就是討論「人工智慧產生的圖片是否美麗」這種問題，若從倫理學的角度思考人工智慧，就是討論「請人工智慧幫忙寫報告是否正當」，這兩個問題都很難回答對吧。

由此可知，當我們透過存在論、認識論與價值論探討人工智慧的時候，討論的內容也會完全不同。只要知道這三種領域的差異，那些看似虛無飄渺又千絲萬縷的哲學問題也會變得一目瞭然。

本書將根據這三個領域介紹哲學的思辨過程與方式，不過真正重要的是，還是得自行思考，還請大家不要忘記這點。

到目前為止，已經說明了哲學這門學問的基本特徵。如果要再次替哲學下個結論，那麼哲學就是透過重新檢視「理所當然之事」的過程，讓我們找回自行思考的自由，或是奠定各種學問基礎的學問。

如今的你已經得到踏出新手村的地圖了，存在論、認識論、價值論這些截然不同的小鎮也等著你去探險。你會在這些小鎮遇到什麼？得到哪些驚喜，又會思考什麼問題呢？

你手中的地圖沒有記載這些問題，還請大家親自前往這些小鎮，親眼見證與親手解決這些問題。

第 2 章

何謂存在？

哲學有許多分支，但其中最基礎的分支莫過於存在論。顧名思義，存在論就是思考何謂存在的哲學分支。儘管認識論或價值論都是哲學的重要主題，卻都是針對已經存在的事物討論的分支。進一步來說，這兩種分支無法討論不存在的事物，所以若想實踐哲學，若想展開思考，就無法忽略「何謂存在」這個問題。

若要比喻的話，存在論就像是植物的根。縱使植物有各種葉子或是花朵，仍然得從根部吸收養分，如果根部萎縮，就無法長出強壯的葉子，開不出美麗的花朵，同理可證，作為各種提問基礎的存在論在哲學的世界尤為重要。

話說回來，也因為存在論如此重要，所以才如此複雜難解，尤其我們身邊的各種事物早已存在。就這層意思而言，「存在」可說是最貼近生活的概念，但也因為如此，所以更加難以理解。這就像是戴著眼鏡看東西的時候，絕對看不見距離最近的眼鏡。

接下來本章將介紹這個如此重要，卻又如此難以理解的存在論。

存在的兩種意義

「存在」到底是什麼呢？答案是某個東西「存在」，而「存在」到底是怎麼一回事呢？

在存在論的世界裡，「存在」分成兩大意義，一種是「是不是」這種用方法，例如我們在說「蘋果是圓形的水果」時，會用到「是」。這個字，另一個則是「有沒有」這種方法，例如「這裡有蘋果」就是一例。

大家知道這兩種「存在」有何不同嗎？

前者「是不是」的這種存在指的是事物的性質。當我們說「蘋果是圓形的水果」，意思是蘋果具有「圓形水果」這項性質，而且所有蘋果都必須具備這種性質，因此這種性質可說是蘋果的本質。從這種觀點看，「是不是」這種意義的存在可稱為本質存在。

反觀後者的「有沒有」的存在則是指該事物是否真實存在的意思，這與蘋果有什麼特徵毫無關係，真正的問題不在於蘋果是什麼，而是有沒有蘋果。因此，這種「有沒有」的存在指稱的是蘋果存在這項事實，所以也稱為事實存在。

大致上，存在論分成本質存在的提問與事實存在的提問。在思考存在論的時候，必須先問問自己，目前思考的是哪種存在。話說回來，真有必要如此區分「存在」這個概念嗎？

簡單來說，之所以如此區分在於無法從本質存在導出事實存在。換言之，就算能夠說明某個事物的本質，也不代表該事物就實際存在。

這兩者當然有可能同時成立。在此讓我們再以蘋果為例吧。當你從冰箱拿出蘋果，想描述這個蘋果時，是可以同時從本質存在的「蘋果是圓形水果」以及從事實存在的「這裡有蘋果」描述的，不過卻有無法從這

兩種存在描述的事物。

比方說，讓我們以天馬為例吧。天馬的本質存在到底是什麼？有可能是「長了翅膀的馬」對吧？不過，就算說明了天馬的本質，也不代表天馬真的存在，我們無法從事實存在的角度說明天馬。

從結論來說，就是我們能從本質存在的角度說明天馬，卻無法從事實存在的角度說明天馬，這也是我們必須區分本質存在與事實存在的理由。

就算我們能夠說明某個事物的

本質，也不代表該事物實際存在。反之，就算某個事物未於現實世界存在，也不需要思考自己是否無從得知該事物的本質。

本質與偶然性

如今我們已懂得區分本質存在與事實存在。存在論的歷史主要是從本質存在的相關考察開始的。因此要先介紹一些用來探討本質存在的概念與工具。

對大家來說，象徵夏天的事物是什麼呢？對我來說，只要看到長得很高的向日葵，就會覺得「今年又到夏天了」。向日葵那挺胸面向大太陽的模樣，總讓我莫名地覺得很有活力。

話說回來，向日葵的本質存在又是什麼？假設是「黃色花瓣呈放射狀往外綻開，且層層疊疊的大花朵」。只要是向日葵，應該都擁有這樣的性質，哪怕形狀不夠完整也一樣，因為這就是讓向日葵之所以是向日葵所不可或缺的性質。

這種造就事物所不可或缺的性質稱為「本質」，然而事物擁有的性質卻不一定都是本質。

比方說，某朵向日葵被插在花瓶裡。「能插在花瓶活著」也是向日葵的性質對吧？但不是所有的向日葵都插在花瓶裡活著，因為種在地上的向日葵也還是向日葵。就這層意意來說，不管能不能插在花瓶活著，也不管是不是從地面長出來，這些都不是讓向日葵是向日葵的性質。

這種沒有也不會妨礙事物成為本身的性質稱為「偶然性」。換句話說，偶然性就是「有沒有都無所謂的性質」。對向日葵來說，「能插在花瓶活著」的性質就是偶然性。若問為什麼這算是偶然性，答案就是向日葵不一定需要具備這種性質才能是向日葵，從地面長出來的向日葵也一樣是向日葵。

事物的性質可分成本質與偶然性，而探討本質存在為何這件事，就是探討讓造就事物所不可或缺的本質。到目前為止，應該還沒有問題吧？

不過，真正的問題從現在開始。那就是所謂的「本質」真的存在嗎？

或許大家會覺得「你到底想說什麼啊？」你剛剛不是才說過「黃色花瓣呈放射狀往外綻開，且層層疊疊的大花朵」這種向日葵的本質嗎？不過請大家仔細想想，這或許真的是向日葵的本質，但是在現實世界之中，真的有這種向日葵嗎？

不管是哪朵向日葵，只要仔細觀察，都會發現一些缺點，比方說，花瓣被蟲子蛀食，有部分花瓣變色，或是缺了幾瓣花瓣。就算是看似毫無缺點的向日葵，只要仔細觀察，都一定有缺點，我們也很難相信向日葵的花瓣真能像是精密機械般，沿著放射線的方向生長。

現實世界之中的事物一定會有一些不規則、缺損或是多餘的部分，所以不能說是完全體現了本質，如果真有事物完全地體現了本質，恐怕只

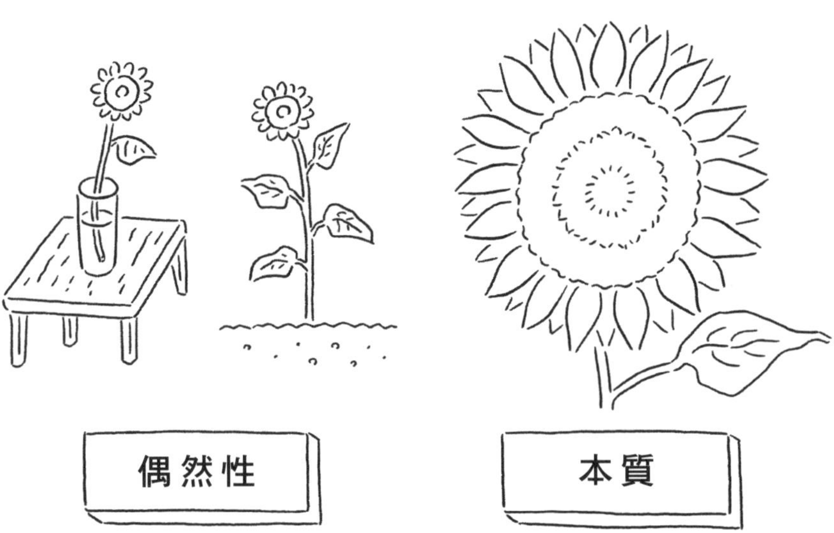

能說是奇蹟了。如果事物無法完美地呈現本質，那麼所謂的本質是否真的存在呢？還是說，本質只存在我們的想像之中？

不過，如果本質這個概念不成立的話，我們就無法根據某種秩序了解這個世界。換言之，我們就無法將某種花視為向日葵，也無法讓這種花與其他的植物，例如櫻花或玫瑰有所區分，或有甚者，我們屆時恐怕無法將這種花理解為花。眼前剩下的只有人類無法理解的世界，以及混沌不明的世界。

不過實際的情況並非如此，因為我們的確能透過某種形式理解本質，所以我們才必須思考，為什麼現實世界如此不完美，我們卻還能理解本質的這個問題。

柏拉圖的「理型」

在西方的哲學史之中，這個問題曾是困擾哲學家許久的難題。曾有兩位哲學家對於這個問題提出了強而有力的解答，一位是古希臘哲學家柏拉圖（西元前四二七左右～前三四七），另一位是亞里斯多德（西元前三八四～前三二二）。順帶一提，這兩位是師徒關係。

柏拉圖的想法是這樣的。現實世界的任何事物都是不完美的，但這不能算是「本質」這個概念無法成立的理由，因為本質並非存在於這個世界，而是於超越這個世界的天界存在，這代表這世界的萬事萬物都只是本質的影子，所以不完美也是理所當然的。

柏拉圖將代表事物理想樣的本質稱為「理型」，並將這種理型存在的領域命名為「理型世界」，這個理型世界超乎於我們生活的現實世界之外，而理型世界與現實世界的關係就像是太陽與陰影。這還真是個宏偉的理論啊。

不過，若這種理論屬實，就一定會浮現下列的疑問。那就是，明明我們待在充滿缺陷的現實世界，為什麼能夠了解於理型世界存在的本質呢？我們在現實世界出生，也在現實世界邁向死亡，照理說應該與理型世界毫無關聯才對吧？

柏拉圖

對此，柏拉圖提出了下列

的解答。我們在現實世界出生之前，其實是住在理型世界的，我們也在這個理型世界看盡了各種事物的理型，可是當我們在現實世界出生，這些記憶就消失了，也就是在忘記理型世界的狀態下，成為小寶寶出生。

換言之，當我們在現實世界看到不完美的事物，那曾經被遺忘的記憶便隨即復甦。眼前的事物雖然不完美，卻喚醒了於腦海角落殘留的些許記憶，讓我們想起了那些理型，所以我們雖然在現實世界生活，卻依舊與理型世界有所連結。柏拉圖這種說法稱為「回憶說」。

如果這種回憶確實正確，就代表我們有前世，也代表靈魂可在離開肉體之後獨立存在。柏拉圖於《美諾篇》曾如此描述。

如果萬物的真理常駐於我們靈魂之中，那麼靈魂應該是不滅的吧。

因此，如果剛好遇見你「不知道」的事物，代表你只是還沒

想起該事物，你必須鼓起勇氣去探究並想起該事物。
（渡邊邦夫譯、光文社古典新譯文庫、二〇一二年）

從現代人的角度來看，柏拉圖的思想似乎十分不合常理，但是從是否符合邏輯的角度來看，柏拉圖的確前後一致地說明了現實世界雖然不完美，但是本質的概念卻依舊成立的現象。

亞里斯多德的「形相」

反觀柏拉圖的學生亞里斯多德則試圖將範圍限縮在現實世界，試著解決問題。他的想法如下。事物的本質不在超越現實世界的理型世界，而是於現實世界存在。若問事物的本質藏在何處，答案是藏在各個事物的內在。

比方說，我們將向日葵的本質定義為「黃色花瓣呈放射狀往外綻開，且層層疊疊的大花朵」，但向日葵不是一直都是這樣的形狀，一開始先是種子，種入土裡後，開始發芽，慢慢長大，才得以開花。那麼，在向日葵還是種子或是才剛發芽的時候，向日葵就不是向日葵了嗎？當然不是，因為這些都是向日葵慢慢成長，邁向開花的過程。換言之，向日葵的本質早已藏在它的種子裡。

提出這種想法的亞里斯多德將本質稱為「形相」。所謂形相就是事物的理想樣貌或是完美型態，而組成事物的物質則稱為「質料」。根據亞里斯多德的說法，對事物而言，所謂的本質就只是形相，而質料則純粹是偶然性的一部分。

比方說，我們為了讓長得太旺盛的向日葵變得更美而修剪，此時向日葵的質料會產生變化，但是向日葵依舊是向日葵，因為向日葵的形相早已於向日葵之中存在。

亞里斯多德的存在論的優點除了在現實世界討論本質，更能透過這個方式，合理說明事物的運動，也就是生成變化的部分。

比方說，向日葵或是植物的生長過程是充滿動態與變化的，不過，這些變化並非雜亂無章，而是具有某種規律，那麼這裡的規律又是什麼呢？根據亞里斯多德的解釋，這就是事物內部的形相。

就這層意義而言，形相既是事物的本質，又是掌管事物運動的原理，也是事物的目的。

亞里斯多德

柏拉圖與亞里斯多德的存在論各有其優點，而這兩位哲學家的思想也於西方哲學史之中，不斷地被參考與引用，直到現代依舊如此。

存在本身是否具有本質

大家讀到這裡很累了吧？我懂，同時學習柏拉圖與亞里斯多德的存在論就像是同時吃拉麵與咖哩的感覺，這怎麼可能不累呢？不過，我還要為大家追加一道漢堡，就不用說謝謝了。

到目前為止，我們都針對於現實世界存在的特定事物思考本質，例如我們思考了向日葵的本質，但「存在」本身是否具有本質呢？換言之，在這個世界「存在」這件事是否具有本質。

這個問題可說是冠上十次「超級」也不為過的超級難題。讓我們試著列出幾個立刻想得到的例子吧。

比方說，「存在的本質在於物質」這個說法如何？假設這種說法為真，那麼不屬於物質的東西就等於不存在。不過，我們的世界也有不是物質的存在，例如愛情、友情這種關係就不算物質，但的確存在，記憶或歷史也不是物質，而是以不同的形式存在。

那麼「存在的本質在是能否認知」這種說法又如何？這種說法可以說明愛情、友情、記憶或歷史，但是在這個世界裡，有些存在是我們無法認知的，例如人類就無法察覺紅外線，但紅外線當然存在，所以這個定義也無法完美地說明存在的本質。

為什麼定義存在的本質會如此困難呢？最大的理由在於本質這個概念本身就包含了存在的概念。我們能以本質為「〇〇」這種方式說明本質，但這個「〇〇」是早已存在的事物，所以當我們在形容某種本質時，一定會以存在的概念為前提。

這種情況稱為論證丐題（Begging the question），是一種在邏輯上有問題的說明方式。比方說，就像是「陽光就是從太陽傾注而下的日光」這種說明方式，這種說明方式什麼也沒說明對吧？

若真是如此，等於我們原本就無法說明存在的本質。不過，無法說明不代表缺少本質，一切只是因為人類的詞彙不足以說明存在的本質而已，所以只要透過另一種形式就能說明存在的本質。

比方說，亞里斯多德認為存在的本質無法只以「這個」形容，而是將存在的本質形容成實際存在的各種事物的共通之處，也就是說，屬有存在的事物都屬於此類，而他將這個情況稱為「類比的統一性」。

所謂的類是指，位階高於各種事物的上層概念，比方說，蘋果、葡萄、橘子都是不同的事物，卻具有「水果」這個共通之處，此時這三種事物都屬於水果這個類，而從蘋果、葡萄、橘子都是水果這點來看，這三者是可互相類比的。

水果也有更上層的概念，比方說植物或是生物就是更上層的概念。而位於這類概念最上層的概念就是「存在」。

這種說明無法直接了當地解釋存在的本質，不過存在的本質就是所

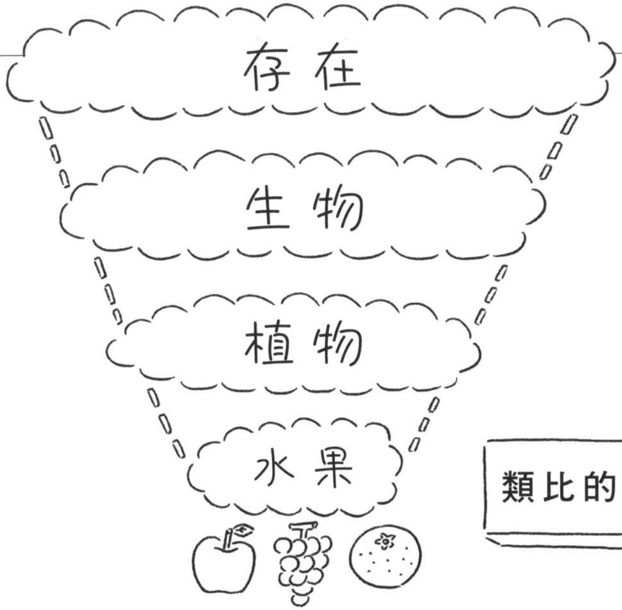

類比的統一性

有存在的事物的共通之處，以及歸屬的分類。覺得這種說明不夠滿意的讀者，請務必親自踏足存在論的世界，沉浸在存在論之中。

人隨時都可以改變自己

吃完這個漢堡，肚子應該很飽了吧？蛤？還有肚子吃甜點？我就知道大家會這麼說，所以幫大家準備了聖代塔這個甜點！

另一個存在論的難題當然是「人類的本質為何？」或許大家會覺得

「什麼啊，這比存在的本質簡單吧？」但其實不然。

前面提過，本質是說明事物為何的內容，所以早在該事物存在之前，本質就已經先存在。比方說，向日葵從還是種子的時候，就已經是「黃色花瓣呈放射狀往外綻開，且層層疊疊的大花朵」，不可能會在播種之後，中途突然長成櫻花，否則一開始這顆種子就不是向日葵。就這層意思而言，本質決定了事物的型態，而且事物無法改變本質。

那麼人類有這種本質嗎？

假設將用兩隻腳站立、有兩隻手、這兩隻手分別長了五隻手指定義為人類的本質是否適當？從結論而言，這種定義當然是錯的，因為就算有人少了四肢或手指，也不會讓那個人變得不是人。

那麼，將人類的本質定義為具有理性與思考又如何？其實這是知名的「智人」（Homo sapiens）的定義，不過這種定義也有問題，因為人性也有不理性的一面。

比方說，有些人遇到受傷的人，會寧可犧牲自己，也要幫助對方，而這樣的行為雖然不理性，卻很符合人性，又比方說，有些藝術家因為被心中莫名的不安折磨而不斷地創作，這其實也不符合理性，卻十分符合人性。

從上述的論點來看，人類是否具有本質，這件事本身就得打上問號。話說回來，當我們以「很有人性」這種說法形容某個人，意思通常就是「很像那個人會做的事」，言下之意，本來就沒有所有人都共有的本質。

尚保羅沙特

如果人類的本質是「很像那個人會做的事」，那麼這個本質就不是人類出生之前就決定的特性，而是在那個人在長大成人之際的行為與判斷的結果。如此說來，人類沒有所謂的本質，因為本質是預先決定事物樣態的性質。

現代法國哲學家尚保羅沙特（一九〇五～八〇，Jean-Paul Charles Aymard Sartre）就曾從這個觀點提出「實存先於本質」這句名言。實存就是實際存在的意思，換言之，所有人類都是先存在，再慢慢形塑自己的本質。沙特發現人類因此獲得最根本的自由。

我們都是自行形塑自己的人，換言之，人類可改變自己的本質，也就是人類隨時可以變成另一個人。

就算之前是膽小鬼，也可以從明天開始勇敢地活下去。沙特認為人類可以像這樣一步步改變自己。

「我」之所以是我，不需要理由

不過，對我們而言，擁有這種自由不見得是好事。我們雖然能夠決定自己是誰，但反過來說，只要無法自己決定自己是誰，那麼就誰也不是，就會變成在這個世界可有可無的存在。

假設「我」是個勇敢的人，勇敢正是「我」的本質，可是我之所以勇敢，全是因為「我」想成為這樣的人，而不是因為別人的期待而變成這種人。就算「我」不勇敢，這世界的任何人也不會因此受到影響，所以只要我想要，隨時都能變得不勇敢。

就這層意義而言，人類的本質可隨時改變，「我」之所以是「我」，沒有任何理由。

對沙特造成深遠影響的現代德國哲學家馬丁海德格（一八八九～一九七六）Martin Heidegger）發現，人類的存在具有根本的偶然性，而這種偶然性會讓人類感到不安，所以不管在這個世界尋找多久，都無法找到「我到底是誰？」這個答案，所以我們才會像是無根的蘭花，處在虛無飄渺的狀態。

不安會讓最根本的存在，也就是自行選擇自己、認識自己的自由體現於此在（＝人類）之中。不安會於此在（＝人）面對某種事物的自由之中出現（⋯）換言之，不安會讓此在（＝人）面對此在的本質。

（海德格《存在與時間》原佑、渡邊二郎譯、中公Classics、二〇〇三年

為了掩飾這種不安，我們總是逃避各種事物。比方說，我們總是習慣追逐流行，習慣察言觀色，習慣讓自己融入大眾，因為只要跟大家一樣，就不需要思考自己是誰，也能夠安心。

比方說，不管科學多麼發達，人們之所以會想透過占卜預測未來，或

許就是基於這種心態。在某些占卜之中，認為每個人在出生時，就確定自己將會是怎麼樣的人，也確定了未來的命運，而這其實就是在占卜人類的本質。

海德格的「決意性」

馬丁海德格

因為不了解自己的本質而不安的人，可透過占卜讓自己放心，但是海德格肯定會說這是一種謊言，因為人類根本沒有預設的本質。

對此，為了讓「我」活出「自我」，就必須先面對自己的偶然性。

「我」之所以是「我」沒有任何理由，也沒有任何必然性。換言之，不管我們成為什麼樣的人，都無法怪罪他人。我們很常在被迫察言觀色的時候，把問題解釋成環境使然，但只要接受了存在的偶然性，就無法像這樣推卸責任。

馬丁海德格將這種接受「自我」偶然性的態度稱之為「決意性」（Entschlossenheit）。所謂的「決意」聽起來很像是「我就是這樣的人！」，但海德格想說的不是這個，而是想說只要能夠放下「我就是這樣的人！」的成見，就能成為任何人，所以就這層意義而言，所謂的自由等同於決意性。

前述的柏拉圖或是亞里斯多德都是在傳統的存在論劃設地盤的哲學家，然而海德與沙特卻在現代創立了新的存在論，成為更新存在論的知名哲學家。簡單來說，這兩位哲學家讓存在論的主題從本質存在轉型為事實存在。

到目前為止，已經讓各位體驗了存在論的整套課程。正因為存在論與我們的日常生活融為一體，所以才會是如此棘手的難題，想必大家也已經理解這點了。不過，容我最後再補充一點，為本章做個總結，那就是存在論的錯綜複雜催生了許多不同的討論，也讓存在論變得非常豐富。

本章在開頭提過，存在論就像是植物的根部，而這個根部不只長出一根植物，更是長成一片足以覆蓋大地，生出各種種子，讓各種昆蟲與動物棲息的茂密森林。思考存在論的內容就像是在森林的深處探索，或許這就是存在論能夠跨越時間，令許多人著迷不已的魅力吧。

第 3 章

何謂認識？

教哲學的時候，常常有人問我「說到底，哲學的答案就是因人而異吧？」這個問題。

其實這個問題挾雜了許多先入為主的觀念。對於這些人來說，他們心目中的哲學恐怕是生活信念或是價值觀。如果哲學真的是生活信念或是價值觀，哲學的答案的確是因人而異，但這些不是哲學的全部，至少本書介紹的不是這種哲學。

此外，這類問題也暗指哲學不過是「因人而異」的知識，只是某種與知識有關的價值觀。而既然說是知識，就應該具備放諸四海皆準的客觀性，而缺乏這種客觀性的哲學，不具任何說服力——我知道，如此推測或許只是一種被害妄想症，但或多或少會讓人有這種感覺不是嗎？

不過，請大家先停下腳步，想想真的有不會「因人而異」的知識嗎？到底是誰決定某種知識既客觀又正確的呢？

這種探索知識是否正確的領域在哲學稱為認識論（或稱知識論），本章想帶著大家在這種認識論的世界漫遊。

正確的知識與威權主義

哲學的語源是「愛智之學」，所以就某種意義而言，哲學當然是強調知識正確性的學問，但是話又說回來，正確的知識到底是什麼？所謂「不會因人而異」的客觀知識到底又是什麼呢？

其實有一種非常簡單的思維，那就是「偉人決定的事情都是正確的」，一般會稱這種思維為威權主義。比方說，大學教授或是寫了好幾本書的名嘴會在電視上說一大堆有的沒有的意見，然後這些意見彷彿像是正確的知識般，於整個社會蔓延。不管是哪個領域，或多或少都會看到這類現象。

中世紀的歐洲是威權主義最為強盛的時代，其勢之盛，今時今日難以想像，而當時的基督教會擁有主導政局的力量，凡是教會認同的事情就是正確的，教會不認同的事情就是錯誤。比方說，支持地動說的伽利略伽利萊（一五六四～一六四二）將被教會送上宗教法庭，被迫放棄自己的主張，這是因為當時的教會認同天動說。是的，當時的教會就是如此高高在上。

不過，威權主義有一些問題，那就是當我們信奉威權主義，就等於將判斷知識正確與否的權力交給那些高高在上的人，換言之，我們無法自行說明自己覺得正確的知識為何正確。如此一來，就無從得知知識為何正確。假設偉人胡說八道，底下的人很可能會被錯誤的知識當成正確的知識。

覺得知識正確與否不重要的人或許覺得無所謂，但是對於「愛智之人」，也就是想要追尋正確知識的人來說，絕對無法接受威權主義，因為我們要的是能夠自己理解與說明知識為何正確的理由。

笛卡兒的「懷疑方法」

人類能透過自己的理性獲得正確的知識。批判中世紀的威權主義，被譽為近代哲學之父的勒內笛卡兒是如此認為的。只有在我們能透過理性說明時，才能斷言該知識是正確的，反之，當我們無法透過理性說明時，該知識就是錯誤的。不管偉人說了什麼，與知識是否正確沒有半點關係。

勒內笛卡兒

笛卡兒認為，要透過理性獲得正確的知識，「先試著懷疑」是非常重要的第一步。我們很常在聽到偉人的名言時，莫名浮現「原來如此」的想法，但笛卡兒認為，這樣是無法洞察正確的知識的。不管對方是多麼偉大的人，也不管對方說的知識聽起來多麼厲害，都應該先試著問「真的是這樣嗎？」笛卡兒將這種質疑知識正確性的方法稱為「懷疑方法」。

那麼哪些知識能夠禁得起懷疑呢？笛卡兒列舉了兩個標準。

第一個是清晰，也就是不打迷糊仗，具有淺白易懂的理由。另一個是井然有序，也就是不混亂，有條有理的意思，所以當我們要判斷知識是否正確時，必須先質疑該知識是否清晰以及有條有理。

笛卡兒的這種思維不僅於哲學應用，也於日後慢慢成為自然科學的基本精神。

科學真的正確嗎？

自然科學的一大特徵在於透過實驗檢驗知識的正確性。不管權威者說了什麼，都不代表一定是正確的。進行實驗，觀察實驗結果，才能夠說明那些不會「因人而異」的知識。

比方說，在地球表面拿著一顆蘋果，接著在空中放開這顆蘋果，蘋果就會往地面墜落。這個現象絕非「因人而異」，就算有人真的覺得「才不是，蘋果不一定會往地面墜落」，也改變不了東西會墜落的事實。這種能排除個人意見，任何人都覺得正確的知識就是科學知識，大部分的人應該都認同這種論調。

科學探討的是這個世界的自然現象以及背後的規律，也就是所謂的自然規律。比方說，蘋果會墜落，是因為引力的關係。我們當然看不見引力，充其量只能看見蘋果這個物體，無法看見影響該物體的自然規律。換言之，科學探討的自然規律只是某種用來合理說明自然現象的假說。

那麼該如何驗證這個假說的正確性呢？答案很簡單，只需要做實驗。比方說，試著放開蘋果，看看引力是否真的存在。如果試過很多次之後，都得到相同的結果，或許就能確定這個假說是正確的。我想，應該很多人都認同這種思考邏輯。

不過，在此要請大家稍微想一下，這種思考邏輯真的能夠得到客觀的知識嗎？假設我們為了確認「地球具有引力」這個假說而不斷地重覆放開蘋果這個實驗。

這個實驗的主旨是確認①放開蘋果、②蘋果朝地面墜落，這兩個事件是否連續發生，如果在重覆實驗之後，發現這兩個事件的確連續發生，一般人會認為這個實驗證明了引力的存在。

不過，這兩個事件連續發生就真的能夠證明引力存在嗎？難道我們不能懷疑這兩個事件只是剛好連續發生，其中沒有任何理由可言嗎？

就常識而言，自然現象不太可能偶然發生，但一如前述，我們其實看不見引力，所以仔細一想就會發現，「引力不過是用來合理解釋自然現象的假說或前提」而已，引力是否真的存在是無從確認的。如果自然現象的背後沒有任何自然規律，純粹只是偶然發生的話，那麼科學研究從一開始就失去了立足點。

我知道有些人可能會反駁「每次放開蘋果，蘋果都往地面墜落啊」，的確是如此，但真正的問題在於蘋果是不是剛好往地面墜落這件事，就算試了一百次，一百次都得到相同的結果，這個結果也無法成為答案，因為這一百次的結果有可能都是偶然的產物。

我們或許可以更大膽地說，這顆地球誕生之後，空中的所有東西都會往地面墜落，但背後沒有任何自然規律，一切都只是偶然而已。所以沒有人知道蘋果下一次是否還會往地面墜落，或許會有另外一股力量讓蘋果往天空飛。我知道，有些人可能會覺得我這種說法很愚蠢，但有誰能夠保證絕對不會出現這種事情呢？

因果論這個大前提

在近代科學之中，實驗與觀察當然是驗證知識是否正確的重要因素，不過，要確定從實驗與觀察所得的知識是正確的，就必須以某個定律為前提，那就是在自然界發生的現象都必定是被某種原因所引起。

比方說，先前的蘋果墜落實驗也是如此。我們放開蘋果，結果放開蘋果這件事成為原因，產生了蘋果墜落地面的這個結果。那麼我們該如何解釋這個原因與結果之間的關係呢？答案是為了解釋這個關係而引用了引力這個概念。

這種「事出必有因」的定律就稱為因果論，而因果論是科學的前提。這世上沒有無風起浪的事情，只要是因為某種原因而觸發的事件，就不算是偶然。只要賦予某種原因，就一定會產生某個結果。這些就是科學研究成立的條件。

但是一如前述，這些定律是看不見的，檢驗自然界的事物，無法驗證自然界是否依照因果論運行。既非物體也非事件的因果論充其量只是一種說明自然現象的概念。

那麼為什麼能夠以因果論為前提呢？這是一個非常重要的問題，因為只要科學研究以因果論為前提，那麼只要無法說明因果論的正確性，所有科學研究的正確性都有可能陷入疑雲。

大衛休謨

近代的英國哲學家大衛休謨（一七一一～七六，David Hume）就曾對這個問題提出一針見血的問題。他將因果論解釋成我們透過某些習慣而形成的成見。

比方說，當我們放開蘋果，蘋果就會朝著地面墜落。這幅景象我們已經親眼看過無數次，所以會不知不覺地覺得，放開蘋果這個行為與蘋果朝向地面墜落這兩件事情之間，肯定有一些必然的關係。充其量，所謂的因果論其實就只是一種成見，一種持續看到兩個事件接連發生之後的結論。

休謨將這種因果論稱為「恆常連結」（constant conjunction）。所謂的「恆常」就是某個事件不管發生幾次，一定會與另一個事件「連結」，而這就是因果論的真面目。

不過，這種說法若是屬實，那麼支持因果論的正是自然現象剛好不斷重現的偶然性，如此一來，我們就不得不將因果論定義為只是單純的偶然，而這可說是足以顛覆科學前提的想法。

康德提出的三種認識能力

承上所述，科學研究可說是陷入九死一生的險境，然而這時候有一位救世主現身了，他就是近代德國哲學家伊曼努爾康德。

伊曼努爾康德

康德顛覆了休謨那突如其來的提問，顛覆了因果論只是一種習慣的主張。因果論的確是眼不能見的抽象事物，但不代表不存在。那麼，因果論於何處存在？康德認為就在我們心中。

這是什麼意思呢？康德將人類辨識事物的能力稱為認識能力，如果以電腦比喻，這就像是

CPU（負責運算與控制的零件，相當於人類的大腦）。

人類的認知不會只在接受外部的刺激而形成。人類會透過自己的認識能力組合這些刺激，最終再形成所謂的認知，而因果論正是人類透過認識能力創造的結論，所以當然不會在這個世界存在。

康德將人類的認識能力分成三種，第一種是感性，說得白話一點，就是指感覺。比方說，當我們放開蘋果，觀察會發生什麼事情的時候，我們是透過視覺辨識自己的手，此時我們的感官會接收射入眼睛的光線，而這種刺激會轉換成影像。就這層意思而言，感官是被動的，是在接收了外部刺激後才開始對事物形成認知。

不過，我們的認知不只透過感官形成。比方說，我們是透過視覺這種感官對放開蘋果，以及蘋果朝地面墜落這兩個事件形成認識，此時我們會認為這兩個事件之間，存在著因果關係。這種因果關係無法透過感官辨識。那麼，是什麼讓我們能夠辨識這種因果關係呢？根據康德的說

法，是名為「知性」的第二種認識能力幫助我們辨識因果關係，而這種知性與前面的感性或感官不同。

知性是讓認知符合邏輯的能力。由感官形塑的認知往往是混沌不明的，是雜亂無章的，能夠將這種認知整理得井然有序的能力就是知性。康德認為知性正是讓因果論成立的能力。

就算因果論是因為知性才成立，也不代表放開蘋果後，蘋果一定會朝地面墜落，但是就算蘋果沒有朝地面墜落，也不代表因果論是錯誤的，此時反而能以因果論是正確的這點為前提，將因果論視為能夠說明蘋果動態的理論。反觀若只以休謨的說法解釋，那麼只要蘋果沒掉到地面，就代表因果論不存在。

康德想透過上述的說法奠定因果論的基礎，不過他也發現人類會因為上述兩種認識能力而想要進一步認知事物。讓人類具有這種傾向的便是第三種認識能力，也就是所謂的理性。

宇宙的起源無從證實

知性充其量只是讓接收的刺激變得更有條理的能力，也就是將現有的材料組合成某種作品的功能，很像是將積木拼成一台車的感覺，而這就是知性這項能力。簡單來說，知性是組合現有材料的能力。

對此，人類可以根據來自知性的認知推論，針對無法得到實際感受的事物進行推論，而這就是理性這種能力。康德在主要著作《純粹理性批判》如此形容理性。

人類的理性屬於一種認知，而且擁有特殊的命運。就算想要摒斥理性，我們也無法摒斥理性，所以我們才會為了無法解答的問題而煩惱，這就是我們的命運。我們之所以無法摒斥理性，在於理性本身需要透過理性理解，而問題之所以無法解答，在於問題超越了理性的所有能力。

（天野貞祐譯、講談社學術文庫、一九七九年）

感官與知性會隨著人類本身的能力而有不同程度的發揮，唯獨理性會將我們無法處理的問題推到我們面前。

比方說，知性讓我們了解因果論，如果因果論是正確的，那麼所有自然現象必定事出有因。

於是人類的理性便會如下推論。如果所有現象的背後都有原因，那麼觸發該現象的現象，背後也一定有原因。假設這個推論屬實，原因的背後一定還有原因，而且可以無限地推論出背後的原因。那麼在這個世界之中，第一個原因是什麼？換句話說，這個世界到底是基於何種原因開始運作的？

根據康德的說法，這個問題走到最後，一定會走進死胡同。這是因為世界在開始之前，什麼都不存在，所以也不存在任何原因才對。不過，若真是如此，就等於承認因果論存在著例外與不合理。

那麼這世界沒有所謂的起源吧？原來如此！如果這個推論屬實，就能維護因果論的正確性，但這麼一來，我們就必須承認我們可以不斷地追溯這個世界的起源，這等於沒有真正的起源，而這是我們無法理解的奇妙情況。換言之，這世界不管有沒有起源，都顯得十分不合理。

為什麼事情會變成這樣呢？康德認為，這是因為這些都是沒有經驗佐證的推論。簡單來說，透過理性進行的推論，不像知性那樣，是透過外界的刺激進行，一切的過程只在腦海之中發生而已，所以我們也無法斷言這類問題的對錯，這意味著，理性創造的認知不屬於科學的範圍。

因此，我們無法透過科學實證宇宙是否有起源，一來這是科學無法探索的提問，而來人類無法證明這個問題的客觀性與正確性。

胡塞爾的「現象學」

把哲學定義成「每個人的答案都不同」，而且不像科學那麼客觀與正確，當然是大錯特錯，因為哲學是奠定科學的客觀性與正確性的學問。我們的康德老師可是全心全意地投入這個問題。

康德曾提出一個解答，那就是將因果論這個讓科學得以客觀與正確的概念視為人類內建的系統。這種概念在科學進一步發展之後的時代，一定會一再受到青睞。

比方說，二十世紀初期，全世界曾流行所謂的實證主義，是一種真理可透過科學實驗證明的概念，也就是「證據至上主義」的思想。心理學、社會學也是在這個時期成為科學的分支之一。這些都是透過科學與實驗的手法，研究人類的內心或是社會活動這類在過去未被納入科學研究對象的事物，藉此找出真理的學問。

實驗當然很重要，證據的重要性當然也不在話下，但是只要有證據就算是真理嗎？只要透過實驗累積資料，就能認定結果具有客觀性與正確性嗎？

對此提出批判的是德國哲學家埃德蒙德胡塞爾（Edmund Gustav Albrecht Husserl，一八五九～一九三八）。胡塞爾的想法是這樣的。仔細一想就會發現，透過實驗累積的知識一定包含了許多實驗無法說明的各種前提。要想奠定知識的正確性，就必須先釐前這類前提。

這到底是什麼意思？讓我們再次以蘋果墜落地面的實驗說明吧。我們可以透過實驗認為蘋果向地面墜落這個現象說明了引力的存在，然而就算是如此簡單的實驗，胡塞爾也認為其中藏著各種我們無法透過實驗證明的前提。這到底是什麼前提呢？

比方說，「我」拿在手上的蘋果是有背面的。「蛤？你到底在說什麼？」大家腦中是不是浮現了這個疑問？不過請大家仔細想想。「我」拿著蘋果時，「我」只能從自己的位置看到蘋果的某一面，此時一定還有背面，也就是「我」看不到的部分，我們無法確認看不見的東西是

埃德蒙德胡塞爾

否真的存在。

不過，「我」手上的蘋果的確有背面，而且不可能與「空虛的黑洞連結」，所以前提就是蘋果有「我」無法確認的背面。

這個前提無法透過實驗證實。比方說，請試著證明蘋果是否有背面，如此一來，剛剛還是正面的部分就會變成背面，背面永遠存在。我們不管多麼努力都無法證明蘋果有背面這件事，因為人類無法同時看到東西的每一面。

這意味著我們往往只能看到物體的某一面，我們也是將物體的每一面拼湊起來，才得以辨識該物體。

胡塞爾認為，就是這種意識讓科學實驗得以成立。實驗是以物體存在為前提，但是該物體卻因為實驗無法證明的意識才得以獨立存在，也才會被我們所認知。假設一切真是如此，那麼只要無法釐清這種意識的運作機制，實驗的正確性就失去佐證，而且我們還無法透過實驗釐清這項運作機制。

胡塞爾將釐清這種機制的學問稱為「現象學」，而這門學問的主旨在於研究認知在我們的意識之中是如何形成的，以及釐清這種現象的結構。

胡塞爾提出的方法受到康德極深的影響。由此可見，讓符合科學實證的認知成立的是內建於人類的某種機制，而我們卻無法透過科學釐清這項機制。

比證據更重要的事物

現代社會具有「證據最為重要」的傾向。如果不是言之有據，就很可能會被別人說「這只是你的感想對吧？」

我當然不是在否定證據的重要性，但是胡塞爾認為，這種思想會讓我們的社會陷入危機。他曾在某次演講提出下列的意見。

到了十九世紀後半之後，現代人的世界觀都被實證科學所拘束，也被實證科學帶來的「繁榮」徹底迷惑，這讓現代人不再在乎那些對於人性有重大意義的問題感到興趣。

（《歐洲諸學的危機與超越論的現象學》細谷恒夫、木田元譯、中公文庫、一九九五年）

根據胡塞爾的說法，「實證科學」才是真理的這種想法會讓人類無法面對真正重要的問題。

只要仔細想想胡塞爾在前面提過的思維就不難了解這個說法。他認為科學實證的背後終究是人類意識的構造，所以只有在人們能夠判斷科學的證據的確是正確的，該科學證據才算是正確的，所以否定人類存在的科學研究從一開始就是錯誤的科學活動。

其中之一就是核子彈的相關研究。一般認為，當現存的所有核子彈都發射，地球上的人類將無一倖存，但是當人類全部消失，科學活動也將無以為繼。核子彈是利用核分裂這項原理製造的武器，而從這點來看，核子彈是科學的產物，但是核子彈發射之後，就否定了科學的研究，所以這是錯誤的應用。

證據最重要，科學實證才是真理的這種想法有時候會讓我們忽略比證據更重要的問題，也就是會讓我們忽略與人類的存在有關的問題，而這個問題恰恰是證據與知識之所以正確的前提。認識論的歷史能讓我們知道，讓我們遠離這類誤解，以及了解真理是一件多麼深奧的事情。

第 4 章

何謂價值？

在社群媒體看到喜歡的內容時，我們都可以「按讚」，如果看到自己的內容有許多人「按讚」有可能會很開心，也有可能會覺得不太好意思，心情會變得有點複雜。

不過，其實我們不知道對方是基於何種心態「按讚」。對方有可能是基於「好厲害！好棒」這種肯定的心態按讚，也有可能是基於「你就照現在這個樣子繼續努力吧」這種高高在上的態度按讚，也有可能把「按讚」當成「已讀」使用而已。或許正是因為這個功能如此抽象，所以才會這麼好用吧。

某個部分「很讚」，也就是有價值的意思。「按讚」的意義之所以會如此曖昧，或許是因為價值的概念非常多元。本章要為大家介紹一些討論價值為何的哲學。

在哲學的世界裡，討論價值的理論稱為價值論。大致來說，價值論可分成兩種，一個是討論倫理的價值，也就是倫理學，另一個是討論美的價值，也就是美學。本章將依序說明倫理學與美學。

何謂倫理學

最常被視為倫理價值的是善惡或正義這類概念。倫理方面的「按讚」大概就是稱讚別人「你很善良耶！」「你實現了正義」這類事情（聽起來好像有點草率）。這類倫理價值規範了人類該做哪些行為，以及不該做哪些行為。

哇啊，聽起來好像在說教！大家是不是有這種感覺？但其實不是在說教。倫理學的目的不是像說教那樣，告訴我們該做哪些行為，而是思考「為什麼這些行為應該去做」，這兩個是看似相同，但本質完全相異的問題。

請大家想像下列的情況。你有位朋友在某一天突然把頭髮剪得非常前衛與大膽，而且看起來好像有些後悔。這時候，你這位朋友問你「我這髮型如何？看起來會不會很奇怪」。老實說，這個髮型完全不適合你這位朋友，可是若不剃個光頭，也無計可施。如果坦白地告訴對方「我覺得不太適合」，這位朋友應該會很沮喪才對。

這時候你是該老實地跟對方說「我覺得不太適合耶」，還是要告訴對方「我覺得這髮型說不定很好看！」說點善意的謊言呢？

照理說，不管在什麼時候都不該說謊，而這就是倫理的規範。如果順從這個規範，你就有可能會傷害朋友，但仔細想想就會發現，老實說也一樣違反了倫理，因為我們同樣不該傷害別人，這也是我們心中的規範。

假設上述的說法成立，那麼你可說是陷入了左右為難的困境。你只能從說實話與說謊話之中二擇一，但不管選擇哪邊，你都違反了倫理。此時的你，會如何選擇呢？

在倫理學的世界裡，這種情況被稱為「兩難困境」。遇到這種兩難困境時，我們平常認為正確的倫理將無法發揮作用。要想突破這種兩難困境，就必須重新檢視這個兩難困境的倫理是否正確。

例如在剛剛的情景之中，發生了不該說謊與不該傷害別人的兩難困境，而且你被迫選擇其中一種規範遵守。要想做出決定，就必須思考這兩種規範為何正確，以及哪種規範在這種情況下比較重要。倫理學的目的大致上就是如此。

邊沁的「功利主義」

倫理學代表理論之一為「功利主義」

功利主義是十九世紀英國哲學家傑瑞米邊沁（一七四八～一八三二，Jeremy Bentham）提出的理論，後世由多位哲學家更新。這套理論的邏輯非常簡單，就是當某個行為之所以符合倫理規範，是因為該行為能讓這世界的每個人體驗更多幸福或是減少痛苦。這種幸福與痛苦的平衡稱為「功利性」。邊沁提出了下列的說法。

功利性的原理就是將幸福視為一種利益，再思考各種行為是否增進或減少幸福的原理，換言之，就是針對是否增進或是減少人們的幸福這點，認同或是否認各種行為的原理。

（《道德與立法的各種原理序說 上》中山元譯、筑摩學藝文庫、二〇二二年）

讓我們試著透過這種理論檢視前面的兩難困難吧。「我」該向剪頭髮剪失敗的朋友說實話，還是說謊話呢？

從功利主義的理論來看，必須先比較這些選項對這個世界帶來多少幸福或是痛苦，考慮哪個選項可以創造更多幸福或是減少更多痛苦。以上述的例子來說，據實以告會傷害朋友，所以這個世界會多了幾分痛苦，反觀說了違心之論之後，能讓朋友開心，替這個世界增加幾分幸福。

兩相比較之下，說謊比較符合功利主義的「正確性」，因此「我」應該覺得說謊才對，如此一來就能解決前面的兩難困境。

不過，會得到什麼結論也是視情況而定。比方說，這位朋友是為了與戀人第一次約會才剪頭髮，而且如果頂著現在這頭頭髮去約會，肯定會慘遭滑鐵盧的話，那麼就算真的會一時傷了對方的心，也應該誠實以對，或許剃成光頭，戴頂假髮，反而能減少痛苦。在這種情況下，就應該說實話才對。

傑瑞米邊沁

由此可知，就算套用了

功利主義的理論，也不可能自動導出答案，還是得慎重思考「做了哪些行為會得到哪些結果？」這個問題，但是只要能夠像這樣審慎地思考利益，就能找出行為之所以正確的依據。這就是功利主義的優勢。

許多人對功利主義都有成見，但是功利主義絕非「應該追求自己的幸福」的思想。在功利主義的世界裡，就算「我」因為某種行為蒙受損失，只要該行為能讓更多人幸福，該行為就符合倫理規範。簡單來說，功利主義不是利己主義，更多的時候是合理化利他行為。比方說，對「我」來說，捐款幫助窮困的人看似某種損失，但許多人會因此受惠，所以從功利主義的角度來看，這是正確的行為。

功利主義的厲害之處，在於能幫助我們從各有優缺點的選項之中，找出相對適當的選項。比方說，在經濟政策或是公共衛生的領域之中，功利主義可說是最基本的思維了。

康德的「義務論」

不過，功利主義其實也有缺陷，那就是不管是哪種行為，只要最終能增進幸福就算符合倫理規範，換言之，只要能創造幸福，任何行為都能被容許。

在剛剛的兩難困境之中，功利主義讓說謊這件事變得正當。雖說一切都得視情況而定，但「說謊」這件事常讓人覺得是不好的行為。此外，若是從這個論點出發，就有可能得出「只要能拯救許多人的性命，犧牲某個人的性命也無可厚非」的結論，這也讓人覺得是過度偏激的論點。

另一個與功利主義齊名的理論則是義務論。義務論是由在第 1 章、第 3 章都介紹過的康德所提出的理論。

功利主義將重點放在結果（幸福或是痛苦），而非創造結果的行為，康德則是將重點放在行為，主張行為本身才是決定是否符合倫理規範的重點，因為康德認為，每個人對幸福的定義都是不同的。

那麼該如何思考，才能說明行為本身的正確性呢？根據康德的說法，可從所有人都做某個行為，而該行為是否成立來思考。如果該行為不成立的話，也就是所有人同時做這個行為，結果出現問題的話，代表該行為將部分的人視為例外，是不公正的行為，所以該行為不正確。他將這個原則整理成下列的公式。

將法則或是普遍性視為你們可同時貫徹的準則，時時遵守這個準則吧。

（《任何一種能夠作為科學出現的未來形而上學導論》

土岐邦夫譯、中公Classics、二〇〇五年）

苦痛
幸福
苦痛
幸福
苦痛
幸福
功利主義
謊言
謊言
謊言
謊言
謊言
謊言
義務論

將義務論套用在先前的兩難困境會得到什麼結論？讓我們一起思考「我」擔心朋友受傷而說謊這件事，是否值得原諒吧。如果從義務論的角度來看，會思考「說謊」這項行為是否能夠所有人一起做，也就是想像所有人都在說謊的情況。

如此一來，就會變成每個人都在說謊，所以每個人都無法相信別人正在說實話，每個人都會覺得「反正對方一定在說謊」。一旦變成這樣，「我」就無法擔心朋友會不會受傷，因為這位朋友會懷疑「我」是不是在說謊，會覺得「反正你一定覺得這個髮型不好看，只是隨口說個謊應付一下而已」。假設真是如此，就可以知道當所有人都為了顧慮朋友而說謊是無法成立的行為，因此這項行為不符合倫理。

若從義務論的角度來看，說謊或許能暫時帶來幸福，卻是不正當的行為。這種不管結果，只針對行為本身說明是義務論最明顯的特徵，所以在維護人類尊嚴的規範，也就是禁止殺人、拷問、強姦這類犯行的部分，義務論是具有優勢的。

「不對，這樣豈不是不管結局如何，只要遵守規範就好了嗎？」大家是不是這麼想的？沒錯！從功利主義的觀點出發的話，說謊這件事有可能會被合理化，但從義務論的角度出發，說謊是絕對禁止的。因此說到底，說謊這件事是否正確，端看是從功利主義出發，還是從義務論出發。那麼選擇功利主義還是義務論的標準又是什麼呢？

從結論來說，就是多少人能夠認同你的說法。功利主義與義務論之間，沒有絕對的優劣之分，但是在不同的情況，這兩種理論能夠得到的認同也不一樣。就實務而言，能夠得到認同的行為才是符合倫理規範的行為。

因此，就算該行為符合倫理學的理論，我們每次也都必須如此思考，反過來說，倫理學正是讓我們徹底思考行為是否正確的法寶。

何謂美學？

接著要介紹與美學有關，且具代表性的討論。

美學就是研究美的價值的領域。所謂美的價值通常是指美的本質，但當然不只如此。比方說，崇高也是美的價值之一，醜陋、恐怖這類負面概念也是與美學有關的問題，不過，本書無法一一介紹，只能就美的本質解說。

那麼「美」到底是什麼？若換個方法問，就是「美的本質」到底是什麼？這可說是一個大哉問，因為這世上存在著許多美好的事物。有些人覺得花朵或星空很美，有些人覺得建築物、繪畫這類人造的事物很美。

不過，至少下列的事情是美好的事物所共通的，那就是除了「我」覺得美，別人也都覺得美。

比方說，我很喜歡彩虹，每當看到高掛在天上的彩虹，我總會忍不住停下腳步，佇足欣賞彩虹。此時會很想跟別人分享如此美好的事物，心情也會有些雀躍。

「美」具有一個令人值得玩味的特徵，那就是對誰來說都是美好的，也就是擁有所謂的普遍性（共相），但仔細想想，卻會開始覺得這件事很不可思議。

讓我們以味覺為例。我在小時候很常吃韓式泡菜，而且很常配牛奶喝，我覺得那真是人間美味，但每次我這麼說，幾乎沒有人跟我有一樣的感覺，甚至有人還毫不掩飾地露出噁心的表情。

由此可知，美不美味這件事不具備普遍性。或許這世上真有每個人都覺得美味的食物，但相較於「美」的普遍性，美味往往是種個人喜好。

不過，透過眼睛欣賞美好的事物，與透過舌頭品嘗美食，基本上都是接受外界資訊的過程，那麼為什麼美好的事物具有普遍性，美食卻不具備普遍性呢？這就是美學的一大問題。

這個問題的回答大致可分成兩種立場。一種是認為美的普遍性源自大自然的事物。這個立場的代表性人物就是剛剛已經登場的康德（康德真的是太多才多藝了）。這種源自自然之美又稱為自然美。

反觀另一種立場，則認為美的精神棲宿在人造物，也就是藝術品之中。這個立場的代表性人物就是於康德之後聲名大噪的近代德國哲學家格奧爾格威廉弗里德里希黑格爾（Georg Wilhelm Friedrich Hegel）。這種源自藝術作品的美又稱為藝術美。

康德認為自然比藝術更美，而黑格爾則認為藝術比自然更美。那麼你支持何者呢？

康德的「自然美」

那麼，為什麼自然美具有普遍性呢？

康德認為，自然美具有一項特徵，那就是既是自然物，卻又擁有某種像是有人經手設計的結構。

讓我們以雪花為例。仔細觀察落在手套上面的雪花就會驚訝地發現，雪花的形狀極為細膩。雪花之所以美麗，在於具有左右對稱的結構，這就像是人類用圓規或是尺這類工具設計的幾何學圖案，而且雪花完全是大自然的產物，不可能是某個人設計的。

對我們來說，左右對稱是經過人類刻意設計的結構，而當這種結構在大自然之中出現，人們就會覺得很舒服，康德認為這就是自然美的根源。

而且這種構造不只是左右對稱而已。比方說，貝殼的螺旋形狀也讓人覺得是刻意設計的構造。當這種結構在大自然出現，就會讓我們覺得賞心悅目。

那麼，為何自然美具有普遍性呢？答案是，自然物的幾何學構造終究是符合幾何學原理的結構，而幾何學不是一種感覺，是一種概念，也是一種符合科學精神的結構。

例如，三角形的內角和為一八〇度，這點不管是誰都無法不認同，是具有普遍性的公式。康德認為這種幾何學的普遍性就是自然美，也就是擁有幾何學結構的自然物讓人覺得舒適的原因。

說得更簡單一點，如果不具備幾何學結構，那麼就算是自然物也不算美麗。比方說，隨處蔓生的雜草就不具備這種結構，所以康德認為這種景色雜亂無章，不具美感。

由此可以得知，康德心中的自然美，其範圍相當狹隘，所以侘寂這種日本人特有的美感，就無法以康德的想法說明，或者是讓我們感到迫力十足的大山、夜晚的海洋，對康德來說，都不算是美麗的事物，而是改以崇高感這種概念說明。

此外，康德認為美不是感覺，而是一種知性，所以主張審美能力是能夠鍛練的，而他將這種能力稱為「審美趣味」。

自然美的確擁有普遍性，但不一定每個人都能判斷美不美，這不是在說「每個人對於美的定義都不一樣」，而是美麗的事物在每個人眼中都是美的，如果有人覺得不美，那是因為這樣的人「不懂什麼叫做美」。意思是，自然美源自幾何學的結構，而幾何學應該都是正確的。

根據康德的說法，能夠精準看出自然美的人是擁有優異判斷力與審美趣味的人。如果能大量欣賞美麗的事物，鍛練自己的眼光，就能擁有更精準的判斷力，所以當評論家或是專家認為我們覺得不美的東西很美時，可以相信他們的判斷。

黑格爾的「藝術美」

康德之所以重視自然美，在於能依照幾何學的普遍性說明美的普遍性。人類當然也能利用圓規或是尺畫出完全對稱的圖形，但大自然不需要這些工具就能創造幾何學的構造，而康德認為這些美好的結構讓我們感到舒適。

黑格爾的主張則與康德相反，他認為藝術遠比自然具有普遍性的美。康德口中的自然美說到底只是與形狀有關的美，然而藝術作品的美不只來自形狀。

比方說，請想像一下，某位英雄站在敵人面前這種類似世界史某個場面的畫作。這幅畫除了構圖完整，圖案也很美麗，但我們從這幅畫作得到的印象卻不只如此，因為這幅畫裡的人物的行為對我們來說是很有意義的，所以這些人物的行為也大大影響了我們對這幅畫的印象。

假設這幅畫作畫的是為了拯救國家，孤身面對群敵的英雄，而且這位英雄雖然露出悲壯的表情，卻還是一心想要拯救國家。背景之中的朝日則像是在祝福這位英雄。

我們從這幅畫作感受到的是英雄的愛國之心與利他的精神，只有能這樣充分地描繪英雄心境的畫作才能讓我們感動。為了呈現這樣的場景，當然需要精準地描繪圖形，但黑格爾認為，這對繪畫來說，不是本質上的問題。

那麼，畫作之美的普遍性又來自何處？一如前述，畫作本身是有意義的，換言之，畫作之中，藏著作者想要呈現的意義，而黑格爾將這種意義稱為「精神」，在他的心中，藝術的本質就是藝術作品想要呈現的精神。

G.W.F. 黑格爾

這種精神絕對不是個人感受。比方說，英雄的愛國情懷之所以會讓我們感動，在於這幅畫作呈現了愛國情懷，而欣賞這幅畫的我們也具有所謂的愛國心，也就是珍惜自己的國家，想與同胞一起活下去的心情。

話說回來，對大部分的人來說，愛國心都像是某種煽動戰爭的概念，但黑格爾認為，畫作想要呈現的精神當然不只愛國心。在他的主張之中，「精神」是比任何事物都更加普遍與絕對的概念。所謂的「絕對」是指沒有任何對立的事物，與一切和解的意思。

以愛國心為例，人類不會與自己的國家對立，再與自己的國家和解。不過，精神應該也會讓人想要與敵國不再爭吵。意思是，正在交戰的國家會決定和解，一起維護和平，也是精神的一種發展。所以歌頌和平的畫作一定會讓我們非常感動。

精神的最終目的是所有事物和解與統一的狀態。如此一來，一個精神就包容了這世界的萬物。在這種狀態之下，當然會成為具有藝術之美或是普遍性的事物，因為美是精神的表徵，而精神又具有絕對的性質。黑格爾就是以這種邏輯說明藝術作品的美。

這章介紹了美的兩大理論，也就是康德與黑格爾對美的看法。不過，當然也有這兩種理論無法說明的概念，比方說，前面提到的侘寂或是崇高感就是其中一種。美學是透過各種方式討論這類概念的學問，而那些我們平常覺得很美麗的事物背後，居然有如此複雜的機制運作著？讓人感到如此驚訝的這點，正是美學的趣味所在。

結語

在「前言」登場的古希臘哲學家蘇格拉底，曾以一個有趣的比喻形容哲學思考是怎麼一回事。這個比喻就是「風」。

風沒有具體的形狀，我們也看不見風在哪裡，從何而來，從何而去，但風的確存在。儘管我們知道風存在，卻無法抓住風。蘇格拉底認為，「思考」與風的本質如出一轍。

但真的是如此嗎？比方說，讓想法化為文字，再寫成一本書，是不是就能讓思考具體成形了？

蘇格拉底應該會覺得，這是行不通的，因為我們就算能透過語言表達思考，我們的思考還是會穿過語言，或是讓語言解體。

比方說，在思考「存在」這個概念，得到「存在就是〇〇」這個結論，這時候我們會想利用語言表達這個結論，讓這個想法具體成形。我們或許會暫時因此滿足，以及停止思考，但時間一久，我們又會開始懷疑「呃，那〇〇又是什麼？」一如風又會開始吹動。

哲學是檢視「理所當然之事」的學問，若說得稍微艱澀一點，就是拆解概念的網絡，比較概念，驗證概念的學問，而那些透過語言呈現的事物都會墜入某種概念的網絡之中，因為若不是這樣，就無法表達意義，所以思考才無法具體成形。

在閱讀哲學相關書籍時，特別需要注意這點。我們很常聽信偉大的哲學家所說的名言，而且就算不相信這些名言，也會只是因為引用了這些名言而感到滿足。但老實說，這些名言沒有任何意義，因為重點在於思考的過程。

不過，我們也都知道，沒有人能在哲學家透過語言表達想法之前，就先了解哲學家的想法。我們能做的只有以哲學家的著作為精神糧食，試著自行思考而已。比起哲學家說了什麼，從哲學家說的名言展開思考，在哲學的世界裡是更加重要的一件事。

若不思考，只是把一本書的內容從頭到尾背起來，或是以速讀的方式讀完，那麼不管讀了幾本哲學書也是徒勞無功。

那麼該怎麼閱讀才對呢？在重新閱讀本書或是挑戰其他的哲學相關書籍時，又該注意哪些事情呢？

我認為該一邊質疑內容，一邊閱讀內容。如果你已經讀完本書，建議您從頭慢慢地讀一遍。「嗯，作者戶谷雖然這麼說，但真的是這樣嗎？」請大家化身為偵探，慢慢地閱讀本書。

如果讀著讀著，覺得有些部分怪怪的，務必抓住這個感覺不放。蘇格拉底也說過，思考如風，而這股風突然吹到了你的面前，此時若什麼都不做，這股風就會立刻消失無蹤，所以我們要用手包住這股風，再細細地品味。

我的建議是乾脆「啪噹」地用力闔上書。這聲「啪噹」將會成為開始思考的號角聲。大家可以坐在沙發上、躺在榻榻米上面、或是在泡澡的時候，試著將那種怪怪的感覺寫成文字，反問自己為什麼會有這種感覺。我認為這就是哲學思考最經典的樣式，古希臘哲學家大概也都是這麼做的。

如果以這種方式閱讀，恐怕一本書讀到天荒地老也讀不完，不過這樣也不錯。前面也提過，快速讀完一本哲學書將一無所獲。大學的專業哲學課常常耗費一週讀幾行句子而已。依照自己的步調慢慢思考，才是哲學思考最重要的事情。說到這裡，或許又會有人覺得「這麼做到底有什麼益處？」

哲學是檢視「理所當然之事」的學問。我們都知道遵循這些「理所當然之事」生活，就許多層面來看是合理的，與大家擁有一樣的人生，走一樣的路，就不會被別人指指點點，確認自己是多數的那一派也就能跟著安心。

對此，哲學思考就是讓我們離開這種生活方式的思考方式，所以實踐哲學看起來不太合理。別人可能會覺得你「為什麼要做這麼沒有產值的事情呢？」會覺得你很奇怪。

不過，跟大家一樣做著那些「理所當然的事情」，不一定能得到幸福，因為這些「理所當然」會成為同儕壓力，奪走我們手中的選項，限縮我們的潛力。明明其他的生活方式也可行，卻讓我們以為可走的路只有一條，這就是「理所當然之事」給我們的束縛。

哲學可讓我們擺脫這些束縛，這就是哲學最偉大的價值。思考就像是穿過概念這張網的風，將新的機會帶到被這張網困住的我們，也就是被「理所當然之事」困住的我們面前。

我們常以為，不管走得多累，現在走的這條路都必須走到底，有時候連自己已經走得很累都不自知。我們的視線只盯著我們的腳，只看得到地面，因為這些就是「理所當然之事」，每個人也都這麼做。

此時，如風自由的思考念頭浮起，向你問道「你正往何處去？」「你為什麼一直往前走」。

這時候我們會停下腳步，時間也像是靜止了一般，我們的視線也會從腳邊被帶向更遠、更遼闊的景色，我們也會發現，除了現在這條路，還有很多條路可以走。

如果你覺得哲學就像是輕撫臉龐的微風，我覺得是一件很棒的事情。如果本書稍微讓你產生了這種感覺，身為作者的我也將感到無比光榮。

戶谷洋志

進一步了解 哲學的建議書單

試著直接說出你現在的心情吧。應該是正在大喊「想要更了解哲學的世界啊！」對吧。呵呵呵，我當然知道大家的心情啊。

下列是讀完本書之後的建議書單。裡面雖然有些比較舊的書，但我都讀過，我也敢負責任地推薦它們。還請大家挑選適合自己的書籍，享受讀書的趣味。

一　想學會哲學思考！

哲學的重點不在於默背書中的內容，而是舉一反三，根據書中的內容展開思考。就這層意義而言，散文類的哲學書能告訴我們該如何展開思考。接下來介紹的書都是名家撰寫的書籍，請試著從他們的話推敲他們是如何展開哲學思考的。

◆吉川浩満《哲学の門前》紀伊國屋書店、二〇二二年

◆森岡正博《人生相談を哲学する》存活之書、二〇二二年

◆鷲田清一《哲学の使い方》岩波新書、二〇一四年

二　想要擁有哲學的學術知識！

要想吸收哲學的專業知識，大致上有兩種方

法，一種是從哲學的歷史（哲學史）切入，另一個是從哲學的題目切入。雖然最終都會殊途同歸，但大家只需要挑選適合自己的方法即可。下列介紹的書都能全面闡明哲學的全貌，也都是值得珍藏的好書喔。

◆湯瑪斯內格爾《哲学ってどんなこと？とっても短い哲学入門》岡本裕一朗譯、昭和堂、一九九三年

◆岩崎武雄《西洋哲学史 再訂版》有斐閣、一九七五年

◆山本信《哲学の基礎》北樹出版、一九八八年

◆藤田正勝《はじめての哲学》岩波Junior新書、二〇二一年

三 想要解讀哲學書 不可或缺的字典！

閱讀哲學書的一大難關就是用字遣詞。就算是用母語寫成的書，讀起來還是很像外文。這是因為哲學的用語與我們日常使用的語言不同，是以不同的方式定義，或是從艱澀難懂的外語翻譯而來，有時候甚至得另外創造字彙。如果遇到這類詞彙，查字典是最快的捷徑。下列介紹的書籍不只是字典，更是值得一讀的作品，每一本都很有趣，也建議大家至少收藏其中一本。

◆田島正樹《読む哲学事典》講談社現代新書、二〇〇六年

◆木田元編《哲学キーワード事典》新書館、二〇〇四年

◆石塚正英監修《哲学・思想翻訳語事典 増補版》論創社、二〇一三年

◆吉田裕清《西洋哲学の基本概念と和語の世界 法律と科学の背後にある人間観と自然観》中央經濟社、二〇二〇年

◆田中正人《哲学用語図鑑》齋藤哲也編輯、監修、PRESIDENT社、二〇一五年

【作者簡介】

戸谷洋志

1988年於東京都出生。目前是立命館大學大學院先端綜合學術研究科副教授。法政大學文學部哲學科畢業後，大阪大學大學院文學研究科博士課程修畢。博士（文學）。以德國現代思想研究為起點，探索科技在社會之中的倫理定位，同時透過「哲學咖啡廳」提供社會方面的對話機會。著有《ハンス・ヨナスの哲学》（角川Sophia文庫）《ハンス・ヨナス 未来への責任:やがて来たる子どもたちのための倫理学》（慶應義塾大學出版會）《原子力の哲学》《未来倫理》（集英社新書）《スマートな悪 技術と暴力について》（講談社）《友情を哲学する～七人の哲学者たちの友情観》（光文社新書）《SNSの哲学 リアルとオンラインのあいだ 》（創元社）。2015年以《原子力をめぐる哲学 ドイツ現代思想を中心に》得到第31屆暁鳥敏賞獎。

NHK出版 学びのきほん 哲学のはじまり
NHK-SYUPPAN MANABI NO KIHON TETSUGAKU NO HAJIMARI
© 2024 Toya Hiroshi
All rights reserved.
Originally published in Japan by NHK Publishing, Inc.,
Chinese (in traditional character only) translation rights arranged with
NHK Publishing, Inc., through CREEK & RIVER Co., Ltd.

哲學新手村

從理所當然開始懷疑的哲學入門

出　　版／楓樹林出版事業有限公司
地　　址／新北市板橋區信義路163巷3號10樓
郵政劃撥／19907596 楓書坊文化出版社
網　　址／www.maplebook.com.tw
電　　話／02-2957-6096
傳　　真／02-2957-6435
作　　者／戸谷洋志
翻　　譯／許郁文
責任編輯／黃穫容
內文排版／楊亞容
港澳經銷／泛華發行代理有限公司
定　　價／360元
出版日期／2025年6月

國家圖書館出版品預行編目資料

哲學新手村：從理所當然開始懷疑的哲學入門 / 戸谷洋志作；許郁文譯. -- 初版. -- 新北市：楓樹林出版事業有限公司, 2025.06（平裝）

1. 點心食譜

ISBN 978-626-7729-05-2（平裝）

100　　114005605